दो चार लाईना

दोहावली

श्यामलाल
(सुगम)

Published By

Anybook

Cell : 9971698930

E-mail : contactanybook@gmail.com

Website : www.anybook.org

Price in India :200/- INR

First published by Anybook in 2022
Copyright © 2022 Anybook
Copyright Text © 2022 Shyamlal
Printed and bound in India
Cover Design & Typesetting by Anybook

ISBN : 978-93-91571-50-4

समर्पण

मैं अपनी पुस्तक 'दो चार लाइना' हमारे सबसे बड़े भाई स्वर्गीय श्री हुबलाल पुत्र श्री रामभरन ग्राम अईनछ, तहसील ज्ञानपुर जिला भदोही (पुराना वाराणसी) को समर्पित करता हूँ, क्योंकि उन्हीं की प्रेरणा और प्रयासों से मैं अपनी पढ़ाई पूरी करते हुए इस मुकाम पर पहुँचा हूँ। इस कारण मैं उन्हें यह पुस्तक समर्पित करता हूँ

लेखक परिचय

मेरा परिवार एक छोटा किसान परिवार था। हमारे पिता जी भी पढ़ाई के पक्ष में नहीं थे, वे चाहते थे के हमलोग खेती-बाड़ी का काम करें लेकिन हमारे बड़े भाई कुछ अलग विचारधारा के थे। मेरे बड़े भाई 1950 के दशक में जबकि देश स्वतंत्रा की लड़ाई से जूझ रहा था और गाँव में शिक्षा का इतना कुछ प्रचार नहीं था। इस दौरान वो कुछ छोटे-बड़े नेताओ के संपर्क में आये और शिक्षा के महत्व को समझा। इसके पश्चात उन्होंने गाँव की प्राइमरी पाठशाला बेरम पुर में दाखिला दिलवा दिया। हम दोनों भाई पढ़ने में अच्छे थे इसलिए हम पढ़ते गये लेकिन हमसे बड़े भाई (श्री जयलाल) घर की आर्थिक स्थिति ठीक न होने के कारण १२ कक्षा पास करने के बाद पढ़ाई छोड़ दिये और बीटीसी करके अध्यापक की नौकरी कर ली। मैं नौकरी की तलाश में इलाहाबाद गया और 1968 में महालेखाकार उत्तरप्रदेश इलाहाबाद में उच्च श्रेणी लिपिक के पद पर तैनात हुआ। वहीं से प्रतियोगितात्मक परीक्षाओं की तैयारी शुरू करी। सबसे पहले सहायक बिक्रीकर अधिकारी उत्तरप्रदेश में साल भर तक नौकरी की उसके पश्चात दो साल उद्योग विकास मंत्रालय, नई दिल्ली में सेवारत रहा।

नवम्बर 1974 में आयकर विभाग में आयकर अधिकारी के पद पर नियुक्त हुआ तथा भारत के विभिन्न शहरों में विभिन्न पदों पर सेवारत रहकर अगस्त 2003 में बड़ौदा आयकर आयुक्त 4 के पद से सेवामुक्त हुआ। ये सारी कवितायें मैंने सेवारत रहते हुए रचनाबद्ध की जो प्रिय पाठको के समक्ष प्रस्तुत है।

पुस्तक का परिचय

मेरे अंदर कविता लिखने का गुण बचपन से विद्यमान था जब मैं सातवीं कक्षा मैं पढ़ रहा था। उस समय अपने चचेरे भाई के साथ विन्ध्याचल देवी का दर्शन करने गया। मंदिर मैं पहुँच कर मैंने कुछ पंक्तियाँ लिखी देखी और मेरे अंदर ये भाव जागृत हुआ की ऐसी कविता तो मैं भी लिख सकता हूँ और मैंने चार पंक्तिया देवी की स्तुति में जो लिखी/बनायी

“विन्ध्याचल माता को सुमिरौ मैं बार-बार

मेरा तुझको नमस्कार हरदम हुआ करे

माता के उत्तर में गंगा पविल है

जहाँ सुबह-शाम लोग स्नान किया करे

माता के पूरब पर बहती है ओझला नार

जहाँ प्रतिवर्ष मेला लगा करे

दक्षिण ते पक्षिम लव विन्ध्य पहाड़ फैला

जहाँ अष्टभुजी का सब दर्शन किया करें”

इसके पश्चात मैं और भी कविता लिखता रहा लेकिन जैरो जैसे और बड़े-बड़े कवियों को पढ़ा तो मेरे अंदर एक धारणा घर कर गयी की जहाँ इतने बड़े-बड़े कवि पड़े हैं मेरी कविता को कौन पढ़ेगा। इस कारण मैं लिखता था और दो-चार लोगो को सुनाता था इसके बाद कहीं रख देता था इधर-उधर और वो गुम हो जाती थी और मैं भूल भी जाता था। फिर नौकरी में आने के बाद मुझे सांस्कृतिक कार्यक्रमों में मुझे रूचि थी जिसके लिए मैं स्वागत और विदाई की लिए कभी दो लाइन कभी चार लाइन लिखा करता था और लोगो द्वारा काफी प्रशंसा मिलती थी फिर एक हमारे सहकर्मी वो भी कवि थे उन्होंने सलाह दी आप जितनी कविताएँ लिखते हो एक डायरी बनाओ और उसमें लिखते जाओ फिर एक और हिंदी अधिकारी थे उन्होंने सलाह दी आप दोहे भी लिखा कीजिये उनसे प्रेरणा लेके मैंने करीब १०० दोहे लिखे और १०० से ऊपर दो-चार लाइने लिखी इसी वजह इस पुस्तक का शीर्षक नामकरण “दो चार लाइना” रखा

यह पुस्तक दो भाग में है पहले भाग में दोहे हैं जिसका उपनाम ‘सुगम दोहावली’ है

दूसरा भाग “दो चार लाइना”

अनुक्रम

सुगम दोहावली

माँ सारस्वति से मिली, कविता शक्ति अपार।
जो लिखूँ जब भी लिखूँ, उसमें भरा हो सार॥1॥

चले कहाँ से कँह रुके, कहाँ तलक हो जाय।
डोर नियति के हाथ है, जाहुँ जहाँ ले जाय॥2॥

माटी रूदें घट बने, मानव रूदें राखि।
साख राख की है नहीं, घट जल पीवो चाखि॥3॥

खुशियाँ बाँटे सुख मिले, दुख देते दुख होय।
सुगम सफल वो जिन्दगी, औरन को सुख देय॥4॥

इन्हें तुच्छ न जानिए, अरि अग्नि ऋण रोग।
समय पाइ चारो बढ़ै, करै हमारो भोग॥5॥

लोग कहैं सम्पन्न वो, दौलत जिनके पास।
सुगम जो स्वस्थ्य निरोग है, वही धनी है खास॥6॥

नींद न माँगे बिस्तरा, भूख न माँगे स्वाद।
जैसे खेती नमक की कबहुँ न माँगे खाद॥7॥

खुशियाँ देत बसंत ऋतु, मिले गुलों के हार।
शरद सराहों कौन विधि, आँसू बने तुषार॥8॥

ज्ञान ध्यान चिंतन मनन, योग समाधि विकल्प।
ये साधे मुक्ति मिले, मनहि लेहु संकल्प॥9॥

देवों को बख्शे नहीं, और की क्या औकात।
मानव को कैसी मिली, लालच की सौगात॥10॥

सोने की मूरत बना, हीरा मुकुट जड़ाय।
पहरे के अंदर रखा, रक्षक नाम बताय॥11॥

खान पान अच्छा लगे, ताहि चढ़ावें भोग।
कर्म कांड दौलत हरै, ताहि बतावें जोग॥12॥

साँई घर वैभव भरा, हृदय बहुत विशाल।
जित माँगो उत पाइया, ऐसी कहाँ मिशाल॥13॥

कूदे दरिया प्रेम की, कितने गोताखोर।
विरलै तह तक पहुँचिया, बाकी भटकैं छोर॥14॥

कुछ नवीन मुखौटे

साबुन तेल लगाय के, तन की मैल मिटाय।
मन की मैल न देखिया, जहँ मोटी परत बिछाय ॥15॥

पाउडर क्रीम लगाय के, चेहरा लियो सजाय।
चमक कहाँ ते आवई, जब अंतर रह्यो दुखाय ॥16॥

पहन कोट पतलून टाइ, साहब बनियो जाय।
''साहिब'' घर न पहुँचिया, रस्ता गयो भुलाय ॥17॥

होटल होटल दौड़िया, घर की रोटी त्यागि।
पेट की भूख मिटाइया, तृष्णा जाती जागि ॥18॥

चकाचौंध तो बहुत की, अम्मावस की रात।
भीतर कहाँ प्रकाश लौ, जहाँ अंधेरो खास ॥19॥

वैज्ञानिक तकनीक ने, सुविधा दी भरपूर।
संग रोग ऐसो दियो, दवा से हो न दूर ॥20॥

ऊँचाई

ऊँचाई ऐसी चढ़ो, विरलै पावें भाँप।
ज्यों ज्यों पहुँचे शिखर पह, त्यों त्यों खोवै आप ॥21॥

ऊँचाई देखी बहुत, वा सो बड़ो न कोय।
जो नर वा तक पहुँचिया, सोई ऊँचो होय ॥22॥

जो नर अहँ न छोड़िया, झूठी करे बड़ाय।
खुद को ऊँचो बोलिया, जग में होत हँसाय ॥23॥

साँचों ऊँचो सब कहै, ऊँचो चढ़े न कोय।
दुर्गम साँची राह है, विरलै चढे टटोय ॥24॥

बिन अधार लो सीखए, चढ़ो न ऊँची माप।
जब तक पाँव जमीन पर, तब तक निर्भय आप ॥24॥

ऊँचाई की आड़ ले, जो नर हाँकै डींग।
देखि सचाई सामने, निकसत उनके सींग ॥25॥

दुख लेकर पैदा हुए, जीयत हैं दुख माहि।
मुक्ति जो दुख से चाहिए, दुखी करहुँ कोउ नाहि ॥26॥

साँई का घर एक है, नर नारी परिवार।
और भेद ना है कोई, जा में बसे विकार ॥27॥

जाति तो मानव एक है, भेद न उसमें कोय।
ऊँच नीच का भेद तो, मन के अंदर होय॥28॥

छोटे कुल में जन्म ले, करे जो ऊँचो काम।
वा को देखि के सुगम जी, शत्-शत् करे प्रणाम॥29॥

संगति करे जो साधु की, सदगुण पावै खास।
लोहा भी कंचन बनै, ज्यों पारस के पास॥30॥

मनके तेरे नाम के, मन के धाग पिरोय।
निषि वासर फेरा करौ, दरश न जब तक होय॥31॥

रात सुहानी ना रही, दिवस दियो नहि साथ
छीने सब कुछ काल जब, आवै न कुछ हाथ॥32॥

उपकारी को धन मिले, रखे न अपने पास।
चाँद ज्योति ले अर्क से, जग को देत प्रकाश॥33॥

सर्प दंश का विष हरै, झाड़ फूँक संयत्र।
कड़वे बचन के जहर को, दवा हरे न मंत्र॥34॥

शांति जो बाहर खोजिया, मन की चैन गँवाय।
कस्तूरी अंदर बसै, हिरन ढूँढ़ि न पाय॥35॥

रूप बुरा न देखिया, दौलत बुरी न होय।
येहि पाये इतराय जो, वा सम बुरा न कोय॥36॥

सुगम सादगी सुजनता, सुख संतोष मे होय।
स्वाभिमान सम्पन्नता, देइ सके न सोय ॥37॥

अग्नि आगे करि तपो, सूरज पीछू सेक।
नियम जो ये पालन करे, स्वस्थ हो लाभ अनेक ॥38॥

जान गये सो ज्ञान है, बाकी सब अज्ञान।
जो खुद को ज्ञानी कहे, तेहि अज्ञानी जान ॥39॥

घृणा करन चाहो अगर, करो घृणा से चिन्न।
जा दिन ऐसा करि सको, दिखे न कोई भिन्न ॥40॥

अमृत विष दोऊ भरे, मानव जिह्वा मूल।
अमृत बरसे सुख मिलें, विष बरसाए शूल ॥41॥

क्षमा बड़ों का धर्म है जतन से रखिए पास।
जितना काम में लाइए, खुशी मिले उत खास ॥42॥

सौ सौ बार के स्नान से, मन की मैल न जाय।
लाख तपाओ लौह को, कंचन गुण नहि पाय ॥43॥

तन की शुद्धि स्नान से, ध्यान से मन की होय।
धन की शुद्धि जो चाहिए, दान करो नित सोय ॥44॥

तीरथ सहस नहाय के, पाप से मुक्ति न पाय।
काग हंस ना बनि सकै, कितनौ दूध नहाय ॥45॥

मैं मैं करते तज दियो, मानव तन से प्रान।
मय के रहते न मिले, मैं का मरम न मान ॥46॥

सहस घाव हथियार के, औषधि से मिट जाय।
जख्म एक कटु वचन का, कोऊ मिटा न पाय ॥47॥

शुद्ध आचरण जो रखे, और हो शुद्ध विचार।
मन में शुद्धि हो अगर, तप को नहि दरकार ॥48॥

तन तो सबहि सजावहि, मन न सवारहि कोइ।
मन की मैल परगट भये, तन सुन्दरता खोय ॥49॥

सब पर है उसकी नजर, सबका रखे हिसाब।
भला बुरा कुछ भी करो, पढ़लो यही किताब ॥50॥

लाख काम अच्छे करो, ये जग देखे नाहि।
खता भई एक भूल से, उँगली सबहि उठाहि ॥51॥

सम्पति विपति सगी बहन, दोनो ही दुख देइ।
जात एक सुख हरत है, दूजी आ दुख देइ ॥52॥

देखत खुशी के भाव जो, चेहरे पर दिख जाय।
अंदर का सच भाव तो, चेहरा देत बताय ॥53॥

चेहरे पर आवे शिकन, देखि सुगम लो जान।
अंदर कड़वाहट भरी, मिले न राखे मान ॥54॥

ओस से भीगी घास पर, चले जो नंगे पाँव।
सर्दी खाँसी और कोइ, रोग न फटकै ठाँव ॥55॥

प्रातः उठि पानी पिवै, फिर जो सौच को जाय।
उदर रोग न हो कभी, बाकी रोग मिटाय ॥56॥

"लहर जो अति उचि उठे जल्द टूटी गिर जाये
मध्यम कद जो राखइ वही किनारे जाये" ॥57॥

खोट नियति में हो अगर, नीति न आवे काम।
भेड़ की खाल में भेड़िया, छुपा सके न चाम ॥58॥

सद्गुण संचय कीजिए, अवगुण राखे दूर।
कितनहुँ चमके चाँदनी, दाग दिखे भरपूर ॥59॥

सज्जन पुरूष जहाँ रहें, सद्गुण उगहि टटोय।
स्वाती बूँद गिरे जहाँ, माणिक मोती होय ॥60॥

जाके शुद्ध हो आचरण, और हो शुद्ध विचार।
ऐसी जो संगति मिले, तीरथ तजौं हज़ार ॥61॥

घट घट व्यापी राम हैं, रंग अनेक है रूप।
ताहि छोड़ि अज्ञान बस, पूजत है सब भूप ॥62॥

मूरत में भगवान की, सूरत कौन सी देहु।
हर सूरत से जो मिले, मूरत ऐसी देहु ॥63॥

ऐसी है मूरत कहाँ जो, हर सूरत को भाय
हर सूरत मे जो दिखे, मूरत कौन बनाय ॥64॥

परिधि ज्ञान की न कोई, सीमा अहै अनन्त।
मानव जीवन तुच्छ है, मिले कहाँ से अन्त ॥65॥

चला खोजने ज्ञान मैं, जाना क्या अज्ञान।
एक जनम काफी नहीं, कहे सुमग लो मान ॥67॥

दो चार लाईना

हर कोई कहता फिरे, उत्तम मेरी दुकान।
माल खरा जो चाहिए, यहीं से लो सामान॥68॥

भरी कलुषता हृदय मे, मन मे बसे विकार।
अहँ भी सरचढ़ बोलिया, दोषी सब संसार॥69॥

संगति ऐसी चाहिए, जैसे नीर क्षीर।
संग मिले तो जल मिटे, बीच न पड़े लकीर॥70॥

दिये विधाता धन बहुत, लिये छीन सुख चैन।
सबको सब कुछ ना मिले, सुनो सुगम की बैन॥72॥

यादें सुगम अतीत की, मन को दुख पहुँचाय।
शान्ति जो मन में चाहिए, देहु अतीत भुलाय॥73॥

जो विद्या का धन मिले, समझ गैर सौगात।
जित बाँटहु उतनी बढ़े, सँचे से घटि जात॥74॥

किया हवाई सफर खुब, ऊँची भरी ऊड़ान।
कालेधन के सफर में, काला मिला निशान॥75॥

मन पतंग की डोर है, ढील न दी जो ताहि।
ज्यों ज्यों अंदर खींचिए, त्यों त्यों ऊपर जाहि॥76॥

चन्दन देत सुगंध ज्यों, गन्ना देत मिठास।
सज्जन पुरूष रहे जहाँ, सद्गुण देत प्रकाश॥78॥

सबहिं अकेले आवहि, सभी अकेले जाहिं।
रिश्ते नाते झूठ है, संग जात कोउ नाहिं॥79॥

सगा मैं जिसको समझिया, दगा दे गया सोइ।
लोभी इस संसार में, सगा न मिलिया कोइ॥80॥

करुणा सुख का मूल है, हृदय लेहु बसाय।
जहाँ बसी हो क्रूरता, सबको दुख पहुँचाय॥81॥

गलत जिसे हम सब कहे, सही उसे कहे और।
निर्णय उस पर छोड़िए, सब पर करता गौर॥82॥

सब कुछ सब दिन ना रूचै, कितनउ करहु उपाय।
राग रसौई पाग ज्यों, कभी कभी लहि जाय॥83॥

सुगम स्वार्थी जगत में, मतलब के सब यार।
स्वार्थ बिना ना होत है, परिचय पूजा प्यार॥84॥

उत्तम काम जो खुद करे, मध्यम संग में होय।
आन भरोसे छोड़िया, माथ पकड़ि के रोय॥85॥

पौधे को पानी दिया, पौधा दे गया फूल।
जो देवइ सो पावई, ये मंत्र भला न भूल॥86॥

पाप कर्म छुप के करे, सोचे किया कमाल।
उसकी नजर से ना बचें, मिले दण्ड बेमिसाल॥87॥

प्रातः प्राणायाम कर, शाम को करिये ध्यान।
एक निरोगी करत है, दूजा शांति प्रदान॥88॥

ताम्रपात्र में जल भरे, रखे रात्रि में पास।
प्रातः उठि सेवन करे, स्वास्थ्य लाभ हो खास॥89॥

चैत चना मत खाइए, बैसाख में सरसों तेल।
जैठ में रस्ता कम चले, अषाढ़ न खायें बेल॥90॥

सावन सत्तू त्यागिए, भादौं दही न खाय।
क्वार करेला बरजिया, कार्तिक मही दुराय॥91॥

कोरोना

चीन के वुहान से, मानव निर्मित कीट।
कोरोना के नाम से, जग को रहा है पीट॥1॥

कोरोना के कहर से, धरती रही कराह।
छुपने की है जगह नहीं, भागे मिले न राह॥2॥

चुंग पिंग औ तुंग सब, बिल में रहे समाय।
ताकत देखो ट्रम्प की, राह ढूँढ़ि न पाय॥3॥

मिट्टी में मिलती दिखे, सारे यूरोप की शान।
आँसू पौछत भागता, रोता दिखे इरान॥4॥

हे भारत के वासियों, मन में लो ये ठान।
दो गज की दूरी रखो, तभी बचेगी जान॥5॥

रिश्ते नाते दोस्ती, दूर से कर निर्वाह।
अरि पर कब्जा होय जब, गले में डालो बाँह॥6॥

घर में रहना सीखिये, जब तक भय न जाय।
घर से बाहर निकलते, लो मुँह में मास्क लगाय॥7॥

बचके रहिए भीड़ से, बाहर का न खाय।
सामाजिक दूरी रखो, खुद को रखो बचाय 8॥

कोरोना औ आदमी, के बीच छिड़ी है जंग।
एक दवाई खोजता, दूजा बदले रंग॥9॥

जाने कब तक चलेगा, ये लुका छुपी का खेल।
इस हार जीत के होढ़ में, मानव दिखता फेल॥10॥

हिम्मत को न छोड़ता दिखता है इंसान।
इक दिन उसके हाथ में होगी विजय कमान॥11॥

दो चार लाइना

महफिल में देख आपको, खुशियों के आँसू छलक पढ़े।
जो बात कह दी नज़रो ने, वो जुबाँ क्या कहे॥1॥1

ये हाथ रूक गये, क्योंकि पुष्पावली न थी।
ये जिह्वा रूक गई, क्योंकि शब्दावली न थी॥
पर ये नेत्र न रूके, खुशियों के आँसू बिछा दिये।
क्योंकि स्वागत की राह मखमली न थी॥2॥2

चाह अगर मन में है, तो राह अपने आप बन जाती है।
इरादो में अगर दम है, तो मंजिल खुद मिल जाती है॥
अच्छी शुरूआत को, हर काम का सोपान बनते देखा।
लगन अगर सच्ची है, तो हर मुश्किल आसान बन जाती है॥3॥3

पलकें बिछी हो राह में स्वागत के लिए जिसके।
भला उसके पग हेतु पावड़े की क्या जरूरत॥
नजरों की हो बारिश दर्शन के लिए जिसके।
भला उसके सम्मान हेतु फूलों की क्या जरूरत॥4॥ 4

स्वागत

आभार

अंधेरे को रोशनी में बदला होगा दीपों ने।
बीराँ को गुलिस्तान बनाया होगा गीतों ने॥ 5
शुक्रगुज़ार तो हम उन सब के हैं।
इस महफिल की शोभा बढ़ाई है जिन मीतों ने॥1॥

विदाई

खुशबू याद आती है, फूल मुझाने के बाद।
रोशनी याद आती है, शमा बुझ जाने के बाद॥
गीत याद आते हैं, जब महफिल उठ जाती है।
मीत याद आते हैं, अक्सर बिछड़ जाने के बाद॥1॥ 6

हमारे प्यार के रिश्तों को यूँ ही तोड़ न जाना।
तू राह-ए-जिंदगी में नित्य नये मोड़ ले आना॥
हमीं से दूर जाने वाले सुनलो ऐ मेहरबाँ।
तू खुशियाँ ले के जाना पर ये यादें छोड़ के जाना॥ 7

हर वस्तु बदलती है, नया रूप पाने के लिए।
सूरज भी ढलता है, रोज़ नयी सुबह लाने के लिए॥
प्रकृति के इस चक्र का एक छोटा सा हिस्सा बनकर।
हम भी विदा लेते हैं दुबारा इस महफिल में आने के लिए॥2॥ 8

अन्य

वो समुन्दर भी क्या जिसमें ऊफान न हो।
वो बवन्डर भी क्या जिसमें तूफान न हो॥
ये तो बंदगी है जिसमें सर झुकाना पड़ता है।
वो जिन्दगी भी क्या जिसमें साहस का इम्तिहान न हो॥1॥9

अनुभवों में मेरे एक जिंदा मिसाल है।
दुश्मनों से ज्यादा दोस्तों पर ख्याल है॥
दुश्मन के वार का तो सामना भी मुमकिन है॥
पर दोस्त का वार तो करता कमाल है॥2॥ 10

भर गया ज़ख्म मगर दाग अभी बाकी है।
बुझ गई लौ मगर आग अभी बाकी है॥
ग़में दिल भुलाने को जब भी संगीत का सहारा लिया।
तब तब लगा कि खास राग अभी बाकी है॥3॥ 11

हकीम के पास जाओ तो मर्ज़ को लाइलाज़ बताते हैं।
डॉक्टर के पास जाओ तो दवा बेहिसाब लिखाते हैं॥
सुनो सुगम सुनाते हैं बातें कुछ अनुभव की।
दवा तो वो खाते, जो सुबह की हवा नहीं खाते हैं॥4। 12

उन्नति की राह न बन सकती जुबानी जमा खर्चों से।
शांति कि चाह न पनप सकती मिन्नताना चर्चों से॥
दर्द कि दास्ताँ दफन न हो सकती जिगर के जिन्दा ज़ख्मों में।
दुखों की दास्ताँ बयाँ न हो सकती शायर के चंद नगमों से॥5॥ 13

दो चार लाईना

राजनेता

सुनते सुनाते हो चुकी है रूह जिनकी बेअसर।
दुःखभरी उन दास्तांनो से रहते वो बेखबर॥
राजनीति में मगरमच्छ आँसू बहाना रस्म है।
कुर्सी पाने के लिए रहते हमेशा बेसबर॥1॥   14

आजाद तो हुए हम लेकिन, आजादी कुछ और बाकी है।
आबाद तो हुए हम लेकिन, आबादी कुछ और बाकी है॥
हे देश के लुटेरों छोड़ो भी अब देश को लूटना।
क्या तुम्हारे लिए देश की कुछ बरबादी और बाकी है॥2॥   15

दरिंदे को परिंदों पर ज़रा भी रहम नहीं आती।
नेता को अपने किये पर ज़रा भी शरम नहीं आती॥
लूट के मकसद से ये आते हैं राजनीति में।
लूटते जब तक देश की आर्थिक नींव सहम नहीं जाती॥3॥   16

बेकरारी का हर लम्हा ऐसे गुजर जाता है।
जैसे कोई नेता वादा करके मुकर जाता है॥
बेशक कीमती इन लम्हों को यूँहीं न गँवाओं यारों।
जिन्दगी का हर नशा समय के साथ उतर जाता है॥   17

आत्मचिंतन

गुजर गई ये जिंदगी दुसरों को समझने में।
कभी गणित विज्ञान तो कभी सच्चाई को परखने में॥
अंत में पाया मैनें अपने आप से उलझकर।
सबसे मुश्किल होती है सुगम खुद को समझने में॥1॥ 18

कड़कती धूप वो क्या जानें, जो इमारतों की साये में रहते हैं।
तड़पती भूख वो क्या जानें, जो तिजारतों की माया में पलते हैं॥
कॉटों की चुभन वो क्या जानें, राहें जिनकी होती है मख़मली।
तन्हाई की घुटन वो क्या जानें, जो अपनो से घिरे रहते हैं॥2॥ 19

पुरातत्व

कुछ इमारतें अतीत का गौरव बताती है।
कुछ इमारतें शाही शानों शौकत जताती है॥
उन आधी अधूरी इमारतों की बात क्या कहूँ।
जिनकी ख्वाइसो आज भी आँसू बहाती है ॥3॥ 20

प्रेम

दिलों में फासला हो तो दूरी बढ़ जाती है।
दिल से दिल मिला हो तो दूरी घट जाती है॥
दिलों की दूरी ही तो होती हे वास्तविक दूरी।
रास्ते की दूरी तो केवल मजबूरी होती है॥4॥ 21

प्रेम तो प्रेम होता है प्रेम की कोई परिभाषा नहीं होती।
प्रेम यदि सच्चा है तो उसमें कोई अभिलाषा नहीं होती॥
प्रेम तो कुदरत की देन है कोई तमाशा नहीं है।
प्रेम प्रकट करने की कोई एक भाषा नहीं होती॥ 22

प्यार

प्यार की बुनियाद बेइरादा नहीं होती।
हर प्रेमिका कृष्ण की राधा नहीं होती॥
प्यार तो देश और काल से परे की चीज है।
प्यार की राह में उम्र भी बाधा नहीं होती॥ 23

यदि मन पसंद प्यार मिले तो जीने का मज़ा आता है।
यदि मन पसंद यार मिले तो पीने का मज़ा आता है॥
यदि मन पसंद मंजिल मिले तो दौड़ कर जाओ यारो।
यदि मन पसंद महफिल मिले तो गाने का मज़ा आता है॥ 24

इश्क

कागज़ की कस्ती पर बैठ कर मस्ती न कर।
दुखती हुई नब्ज़ से कभी भी कुश्ती न कर॥
इश्क भी कुछ इसी तरह की नाज़ुक चीज़ है।
जहाँ रज़ामंदी न हो वहाँ जबरदस्ती न कर॥ 25

इश्क़ का इतिहास तो है, आशिकों की तबाही का ताबूत।
जिसमें भरा पड़ा है, उन्हीं की गवाही का सबूत॥
इश्क़ कभी किसी को बख़्शता नहीं चाहे वो झोपड़ी में।
रहने वाला हो या फिर हो शहंशाह का सपूत॥

अन्य

डूबती हुई नाव का खेवैया बदल जाता है।
किस्मत न साथ दे तो सगा भैया बदल जाता है॥
लोग नाहक बदनाम करते हैं तुमको हे साकी।
औरत न साथ दे तो जीने का रवैया बदल जाता है॥ 26

जहाँ दमन की नीति खास है वहाँ अविश्वास भी है।
जहाँ वर्तमान अच्छा है उसका इतिहास भी है।
इसलिए वर्तमान में रहकर विकास की ओर बढ़ो।
विनाशकारी का खुद पे खुद होता विनाश ही है। 27

देखा था मैंने उनको

सर्दियों के दिन थे मेरे घर के सामने एक गुलाब का बगीचा था जिसमें बहुत सारे गुलाब के फूल खिले हुए थे। मैं सुबह के समय टहलते हुए वहाँ पर चला गया और काफी देर तक उन फूलों की खूबसूरती को देखता रहा। तत्पश्चात् मेरे अन्दर से जो उद्गार निकले उन्हें चन्द लाइनों में व्यक्त कर रहा हूँ:-

देखा था मैंने उनको खिलते गुलाब में।
जिसकी कली कली थी अपने शबाब में॥
मजबूर थी वो हर तरफ काँटों का जाल था।
भेजी हवा के हाथ से खुशबू जवाब में॥ 28

देखा था मैंने उनको कई बार ख्वाब में।
धुँधला सा एक चेहरा हो जैसे नकाब में।
ना सामने वो आए ना इशारा किया कोई।
लिखूँ ये कहानी में किस किताब में॥1॥ 29

देखा था मैंने उनको हुस्न-ए-शबाब में।
तन्हाई की वो शाम थी डूबी शराब में॥
बिस्तर था अंधेरों का हम बेखबर पड़े।
कोई होश में लाए तो लाए किस हिसाब में॥3॥ 30

देखा था मैंने उनको एकता की माँग में।
सारा वतन अल्पता जिसे बस एक राग में॥
आदर्शवाद की जुबाँ पर थी जो विद्यमान।
तो क्यों जलाया उसे कौमी नफ़रतों की आग में॥4॥ 31

देखा था मैंने उनको जलते चिराग में।
रौशन था जिनका चेहरा हर दिल दिमाग में॥
खूबसूरती के पीछे छुपे राज़ से अंजान।
पतिंगे ने दे दी जान मोहब्बत की आग में॥5॥ 32

देखा था मैंने उनको महकी बहार पे।
गुनगुना रहे थे गीत वो फूलों के द्वार पे॥
हुए रस के नशे में चूर पंखुड़ियों ने दबोचा।
आती है तरस उनके ऐसे जाँ निसार पे॥6॥ 33

देखा था मैंने उनको सतलज चिनाब में।
बहता था प्यार का जल जिनका पंजाब में।
पीकर पीयूश जिनका खुश थे जहाँ के लोग।
आये कहाँ से खून के प्यासे दोआब में॥7॥ 34

देखा था मैंने उनको शरहद के पास में।
इन्तज़ार था किसी के मिलने की आस में॥
दुःख तो हुआ बहुत पर सर गर्व से उठ गया।
पहुँची जब लाश लिपटी तिरंगे के लिबास॥8॥ 35

दो चार लाईना

कौमी एकता

वो मुस्लिम भी क्या जो पढ़ा कुरान न हो।
वो हिंदू भी क्या जिसे वेदों का ज्ञान न हो॥
धर्मग्रंथों को पढ़कर केवल हठधर्मी न बनो।
है उसकी भी पहचान क्या जिसके अंदर बसता इंसान न हो॥1॥ 36

जहाँ नाम हमारा दर्ज़ नहीं, वहाँ जाना अपना फर्ज़ नहीं।
जहाँ लोगों में कोई मर्ज़ नहीं, वहाँ जाने में है हर्ज़ नहीं॥
हर कोई यहाँ पर आता है, बस अपनी तर्ज़ सुनाने को।
जहाँ लोगो पर कोई कर्ज़ नहीं, वहाँ गैरों से कोई गर्ज़ नहीं॥ 37

अन्य

कभी सब कुछ जानकर अंजान होना पड़ता है।
कभी जान रहके भी बेजान होना पड़ता है॥
इस राहे जिंदगी का ऐसा ही है दस्तूर कुछ।
कभी जान कोभी जान पर कुर्बान होना पड़ता है॥1॥38

कभी दिखती थी चमक चेहरे पर जिनके चाँद और सितारों सी।
कभी मिलती थी झलक होंठों पर मुस्कुराते गुलबहारों सी॥
चेहरा भी वही है होंठों की लाली भी वही है।
पर उम्र-ए-दराज़ में मिलती है झलक ज्वालामुखी अंगारों सी॥

चलने का नाम जिंदगी, ढलने का नाम उम्र है।
झुकने का नाम बंदगी, रूकने का नाम सब्र है॥
चलते रहो ढलते रहो, रूकते रहो झुकते रहो।
ये खत्म हो जाये जहाँ, उसी का नाम कब्र है॥2॥ 39

परोपकार से बढ़कर कोई कर्म नहीं होता।
आत्मज्ञान से बढ़कर कोई मर्म नहीं होता॥
ये सन्त और फकीरों के मुँह से निकली वाणी है।
इंसानियत से बढ़कर कोई धर्म नहीं होता॥3॥ 40

काश मोहल्ले का हर आदमी हकीकतन शरीफ हो।
काश शायर का हर नगमा काबिले तारीफ हो॥
होगी न खाली जिंदगी फिर खुशियों के खजाने से।
काश हर चाहने वाला अगर दिल के करीब हो॥4॥ 41

हर शरीफ अपनी ही इज़्ज़त से डरता है।
हर मरीज़ हिम्मत करने से डरता है॥
डर ऐसी चीज़ है जिससे न बच पाता कोई।
हर गरीब अपनी ही किस्मत से डरता है॥ 42

बचपन के लाड़ प्यार ने सिखाया कि ये जिदंगी अपनों की है।
जवानी में कदम रखा तो लगा कि ये जिंदगी सपनों की है॥
मगर उम्र-ए-दराज़ के तज़ुर्बो ने दी ए नसीहत कि ये जिदंगी
न अपनों, न ही सपनों की है, बल्कि हमारी नकेल कसती नथनों की है॥ 43

बचपन की यादें चाह कर भी भुलाई नहीं जाती।
जुर्मों की वारदातें जानबूझ कर बताई नहीं जाती॥
अगर प्रेमी और प्रेमिका अलग -अलग सम्प्रदाय से हों।
तो ये बात बहुत बड़े गुनाह से जोड़कर दबाई नहीं जाती॥ 44

रंगीन शाम हो रंगीन नज़ारा होवे।
महफिल के किसी कोने से कातिलाना इशारा होवे॥
हाथ में जाम हो इश्क का पैग़ाम हो।
खुदा करे ऐसी शाम दुबारा, दुबारा होवे॥ 45

दो चार लाईना

चाँदनी रात हो दरिया का किनारा होवे।
बालू के बिस्तर पर नाज़ुक बाँहों का सहारा होवे॥
ऐसी एक रात पर कुर्बान हो हजारों रातें।
लहरों पर लहरें हो, चाँद का इशारा होवे॥ 46

हर सेहरे के नीचे ख्वाब कोई सुनहरा छुपा होता है।
हर पहरे के पीछे राज़ कोई गहरा छुपा होता है॥
हर मोहरे की चाल सोच समझ कर चलो यारों।
हर खास चेहरे के पीछे खास कोई चेहरा छुपा होता है॥5॥ 47

हर फूल नया रूप नया रंग लेकर आता है।
हर रोज़ वो हवा में ताज़ी खुशबू फैलाता है।
सारी उम्र बिता देता है औरो को खुशी देने में।
सीखे तो सीखने हेतु खास सबक छोड़ जाता है॥ 48

हमारे दर्द तो हजार हैं, मरहम बहुत है कम।
जिनको दबाए जी रहे युगों युगों से हम॥
कुछ कह लिए कुछ सुन लिए जब भी हमें मौका मिला।
पर कसक तो जाती नहीं जब तक मिटे न ग़म॥ 49

ऐ खुदा हठधर्मियों को ऐसा कोई वर दे।
वे छोड़ दे कड़वाहट तू ऐसा कुछ कर दे॥
वरना तेरे रहम की अहमियत नहीं रहेगी।
दे दे ऐसा मरहम जो इनके जिद्दी ज़ख्मों को भर दे। 50

मंदिर बना मूरत बैठाई नाम दिया भगवान है।
मस्जिद बनाकर बाँग लगाई कह दिया अजान है॥
पर कटुता को गले लगाकर मज़हब को बदनाम किया।
भूल गये हम धर्म के पहले आदम की संतान है॥ 51

जिन्दगी में हर किसी के सर पे होता ताज़ नहीं।
जीने के लिए हर कोई है गैरों का मोहताज नहीं॥
खुदा से गुज़ारिश है कि बचाए ऐसे लोगों से।
जिन्हें खुशनुमा जिन्दगी जीने का है अंदाज़ नहीं॥ 52

क्या सत्ताधारी को कभी ये एहसास होता है।
उसकी न्यायप्रियता में लोगो की आस्था का वास होता है॥
पर सत्ताधारी यदि खुद ब खुद झूठ को गले लगा ले।
तो वह और कुछ नहीं केवल लोगो का विश्वास खोता है॥ 53

रोते हुए ये जिंदगी इस जहाँ में लेकर हम आते हैं।
खुद को कभी रूलाते तो कभी हँसता हुआ पाते हैं॥
पहले कदम पर हमारा बस नहीं था पर दूसरा तो है हमारे बस में।
हँस कर इसे बिदा करें हम यही सुगम फरमाते हैं॥ 54

ख़ामोशियाँ बता रही क्या जुर्म है ज़ालिम का।
किसको बताए कौन सुनेगा वो दर्द-ए-दास्ताँ।
हसरते भी खुद चलकर आ गई है मेरे पास।
क्योंकि इनका भी है केवल सितमगर से वास्ता॥ 55

बेकार हुई मिन्नते बेकार सब वस्ले बुता।
क्योंकि हालत सभी की हो चूकी है खास्ताँ॥
आखिरकार लौटकर सुगम जालिम से कह दिए।
सर कलम कर दो बस यही बचा है एक रास्ता॥ 56

जिन्दगी में हमारे रिश्ते अनेक होते हैं।
मिलते कभी दुरात्मा तो कोई बन्दे नेक होते हैं॥
ये रिश्ता ही तोड़ता और जोड़ता है आदमी को
इन्हीं में जुड़कर अक्सर इन्सान भी एक होते हैं॥ 57

दो चार लाईना

आज तो रिश्ते बने हैं प्यार में पलते रहें।
जिंदगी के इस सफर में यूँ ही हम मिलते रहें॥
ले के क्या हम आये थे और लेके क्या हम जाएँगे।
इस भावना से हमसफर बन संग संग चलते रहें॥ 58

हर खुशी हर दर्द में फर्ज का एहसास हो
जिसकी खुशनुमा जिंदगी का हर लम्हा कुछ खास हो
क्या पता किस मोड़ पर कौन दे जाय हमको यकीन
काश ऐसा चाहने वाला ही हमारे पास हो 59

सारे जहाँ का हुस्न जिस्म में समेट कर।
सारे जहाँ की लाली लबों पर लपेट कर॥
क्या चलते सरे राह कत्ले आम का इरादा है।
या फिर लौटेगी किसी आशिक का आखेट कर॥ 60

कुदरत की बनाई दो चीज़ें एक जैसी नहीं होती।
लालच कभी किसी की हितैशी नहीं होती॥
निडर हो नेक काम कर उस पर भरोसा कर।
जब तक वो ना चाहे किसी की ऐसी की तैसी नहीं होती॥ 61

जो जिंदगी से ज्यादा वफादारी का जतन करते हैं।
जो खुद का घर जला कर इस जहाँ को रोशन करते हैं॥
अल्फाज नहीं जिनसे तारीफ करूँ उनकी।
जो खुद के लहू से सींच कर वतन को चमन करते हैं॥ 62

ये धरती कश्मीर की जन्नत का नज़ारा है।
कुदरत ने जिसे कितने ही शौक से सँवारा है॥
क्या आज भी सोये हुए है वहाँ के लोग।
जहन्नुम भी जहाँ बसने का कर रहा इशारा है॥ 63

हमने हँसकर कुर्बानी दी और देश आज़ाद हुआ।
मेहनत कर मेहरबानी की और देश आबाद हुआ॥
मगर आया समय जब अमन चैन का।
तो हमने छुपकर शैतानी की और देश बर्बाद हुआ॥ 64

जब तक जुल्म था गैरों पर तो ज़ालिम की पहचान न थी
जब जब घर जला औरों का उनकी संवेदना में जान न थी
जब खुद का घर जला तो आतंक वाद समझ में आया
क्या इतनी सी बात समझ पाना उनके लिए आसान न थी 65

जब जालिम के जुल्म का इन्तकाम पूरा होता है
तो बुरा वक्त गुजरने का काम पूरा होता है
चाहे रावण, दुर्योधन या हो ओसामा बिन लादेन
हर बुरे काम का अंजाम बुरा होता है 66

नाराज वो किसी बात पर है जिसका आशिक को पता नहीं
छलकता था जिनसे प्यार कभी वो आँखें नफरत जता रहीं
ऐसे में खुदी बेगुनाही का इजहार करें कैसे उनसे
बेगुनाह को गुनहगार समझना क्या ये उनकी ख़ता नहीं 67

नदी में घिसकर पत्थर की भी सूरत बदल जाती है
तराशने के बाद हीरे की भी कीमत बदल जाती है
अगर ठोकरे खा खा कर आदमी सही राह पर चले
तो अक्सर देखा कि उसकी किस्मत बदल जाती है 68

इंसान ही इंसान को इंसानियत सिखाता है।
इंसान ही इंसान को भगवान से मिलाता है।
फिर क्या कमी थी जो खुद ही हैवान बन।
उसी इंसान को हैवानियत सिखाता है॥ 70

 दो चार लाईना

जिस घर के प्रांगण में प्रातः कि किरणों का प्रवेश हो।
जिस घर के आँगन में चहकती चिड़ियों का शुभ संदेश हो॥
जहाँ पर लोग स्नेह और सौहार्द में जिंदगी गुजारते हो।
ऐसे ही किसी घर में सुगम जी का समावेश हो॥ 71

मुलाकात के वो पल ख्वाबों में बस गये।
दुबारा दीदार को दो नैना तरस गये॥
इंतजार में गुजर गये शब-ओ-रोज़-ओ-माह-ओ-साल।
अब्र-ए-बहार न मिली आँसू बरस गये॥ 72

जो नशा तेरी आँखों में है वो शराब में कहाँ
जो महक तेरी साँसों में है वो गुलाब में कहाँ
यूँ तो काबिले तारिफ है तेरी हर एक अदा
जो कसक दबे होठों में है वो तेरे जवाब में कहाँ 73

दो लाइने

महफिल में देख आपको खुशी के आँसू छलक पड़े
जो बात कह दी नजरों ने वो जुबाँ क्या कहे।

अगर आपस में सद्भाव हो तो खुशबू के लिए फूलों की क्या जरूरत
अगर आपस में सहयोग हो तो व्यवस्था के लिए उसूलों की क्या जरूरत।

कुछ हास्य व्यंग्य

ये जिंदगी चंद लम्हों की है पर आदमी को सब्र कहाँ
जो पाप के साये में पलते हैं उनको नसीब कब्र कहाँ।

बात क्या करें खुदा तेरे बंदों के इम्तिहाँ की
खो जाते हैं खोजने में जवाब और सवाल रह जाता बाकी।

सामाजिक न्याय

ये कली क्यों मुरझा गई खिलने के पहले।
तेरे वस्ल क्यों बिखर गये सँभलने के पहले॥
पूछा न क्यों समाज और धर्म के ठेकेदारों से।
तेरी जुबाँ क्यों कुतर दी कुछ कहने के पहले॥6॥ 74

खुदा के दरबार में हर कोई इन्सान है।
न सिख ईसाई हिन्दू न कोई मुसलमान है॥
मजहबी ये भेद सारे जहाँ भी मिल जाए तुझको।
समझना मानव पूजा की ये ही खास पहचान है॥ 75

एक एक बूँद से दरिया भर जाती है।
एक एक पौध से बगिया सज जाती है॥
एक एक ईंट से इमारतें बनते देखा।
आपसी सहयोग से हर मुश्किल टल जाती है॥ 76

कुदरत के इन्साफ को गवाही नहीं चाहिए।
हर मर्ज के इलाज को दवा ही नहीं चाहिए॥
कुछ वाक्यात जिन्दगी में ऐसे भी होते हैं।
जिन्हें लिखने के वास्ते स्याही नहीं चाहिए॥ 77

दो चार लाईना

स्वार्थ

स्वार्थ में अच्छे अच्छों की जुबान बदल जाती है।
सही तीर जो चलाए वो कमान बदल जाती है॥
स्वार्थ में रिश्तों की अहमियत नहीं होती।
स्वार्थ में अपनों की ही पहचान बदलजाती है॥ 78

ये दुनिया रंग मन्च है मनीषियों की ऐसी मान्यता।
कौन सा किरदार किसका हर कोई ये जानता॥
पर जिन्दगी की डोर तो है हाथ में किसी और के।
किसकी कहानी खत्म हो कब ये कोई न जानता॥ 79

सागर की हर बूँद में है सागर का ही पानी।
फिर भी हर बूँद की है अपनी अलग कहानी॥
सोचो तो कितनी छोटी सी जीकर ये जिन्दगी।
किस किस के लिए मिटा देती है खुद की निशानी॥ 80

आपसी रंजिशें अपनो को भी अंजान बना देती है।
सितमगर साज़िशे कितनो को ही शैतान बना देती है॥
काँटों के बीच रह कर देखा है ये हकीकत में।
बेवजह की बंदिशे इंसान को हैवान बना देती है॥ 81

पुरखों की याद अब कहानी बन गयी है।
रिश्तों की बात अब जुबानी रह गयी है॥
आदमी से रिश्ता तोड़ यंत्रों से नाता जोड़।
नयी सभ्यता की यही अब निशानी बन गयी हैं॥ 82

अस्पताल में जाओ सब मरीज़ नज़र आते हैं।
मंदिर में देखो सब गरीब नज़र आते हैं॥
चाहे कोई मरीज हो चाहे कोई गरीब हो।
प्यार करके देखो सब अजीज़ नज़र आते हैं॥ 83

शराब

गम को दबाए अंदर एक अरसा गुजर गया।
पूछा भुलाएँ कैसे तो मदरसा मुकर गया॥
पीकर नशे के जाम गुजारी थी सारी रात।
सुबह की रोशनी में सारा नशा उतर गया॥ 84

लोग यूँ ही बदनाम करते कि पीना ही है खराब।
मगर पीने वालो के ऊपर ही तो जी रही है शराब॥
जरा टूटे हुए दिल वालों के दिल से तो पूछो।
फटे जिग़र के टुकड़ो को है शील रही शराब॥ 85

ये बेजान को भी जिन्दा कर देती है जरा पिला कर तो देखो।
ये पानी में भी जोश भर देती है जरा मिला कर तो देखो॥
कहने को तो ये बंद रहा करती है बोतल में।
पर वहाँ भी तूफान पैदा कर देती है जरा हिला कर तो देखो॥ 86

नारी शक्ति

नारी को मैंने देखा है हर रूप रंग में।
तोला गया है उसको अबला के संग में॥
पुरूष प्रधान समाज में जब भी उसे मौका मिला।
दिखलाया उसने जौहर जिंदगी के हर जंग में॥ 87

नारी नहीं रह गयी है अब केवल एक बेचारी।
हर क्षेत्र में पढ़ रही है वो पुरूषों पर भारी॥
जमीन से लेकर अंतरिक्ष तक का सफर तय कर।
अब बन चुकी है सारी ऊँचाइयों की अधिकारी॥ 88

जबसे नारी वर्ग ने बंदूक उठा लिया है।
नारी तो अबला होती है इस बात को झुठला दिया है॥
मगर गुज़ारिश है कि एक बार में दो-दो निशाना न लगाए।
उस पर गोली न चलाए जो पहले ही निगाहों से जख़्मी हो गया है॥ 89

माँ

माँ की ममता का कोई भी जवाब नहीं होता।
किसको मिले कितनी इसका कोई हिसाब नहीं होता॥
गहरी इतनी कि सागर की गहराई भी कम पड़ जाये।
शांत इतनी कि उसमें कोई हुबाब नहीं होता॥90

अन्य

कुदरत का खज़ाना कभी खाली नहीं होता।
जंगल में खिले फूल का कोई माली नहीं होता॥
कोई संत या फकीर बता दो हमें ऐसा।
जिसके दर पर कोई सवाली नहीं होता॥ 91

शबनम की बूँदे चमकती है प्रातः के प्रकाश से।
सफलता की कुँजी मिलती है निरंतर प्रयास से॥
काम जो शुरू किया है उसे विराम मत देना यारों।
मंज़िल एक न एक दिन मिलेगी उतर कर आकाश से॥92

आज़ादी की स्वर्णिम जयन्ती का इतिहास देखने में लगता नहीं है बहुत पुराना।
गौर से देखें तो इसमें भरा पड़ा मिलेगा चमकते हुए अनमोल रत्नों का खजाना॥
देखकर जिन्हें हम गर्व से सर उठाकर सुनहरे कल की कल्पनाओं में खो जाते हैं।
मगर आज देख काले धब्बों की जमघट अच्छा लगता है शर्म से चुपचाप सो जाना॥93

गाड़ी बाड़ी राखिए सदा आपने पास।
इन्हें कभी न सौंपिए चाहे कितनौ खास॥
चाहे कितनौ खास सदा संग रखौ नारी।
करो मशविरा खास अगर लो निर्णय भारी॥
कहे सुगम इन तीनो को जो जतन से राखे।
सुखमय जीवन के मीठे पल वो ही चाखे॥ 94

कर्मचारी को कोसते, नेता जनता बीच।
काम तो कुछ करते नहीं, पैसा लेते खींच॥
पैसा लेते खींच, खजाना करते खाली।
मदद कहाँ से करें, बनी सरकार दिवाली॥
कहे सुगम फिर नौकरशाही, रोश जताती।
दूध मलाई हजम करे ये, हमको मिलती झाड़ की पाती॥ 95

सुगम बने विद्यार्थी, ले आदर्श हजार।
विद्यालय में पहुँचते, पड़ी बड़ी फटकार॥
पड़ी बड़ी फटकार, अकेले क्यों आए हो।
क्या कोई साथ सिफ़ारिस खत लाए हो॥
क्या तुम हो बेटे मंत्री के या रिश्ता शिक्षा मंत्री से।
अगर नहीं ये सारी ख़ूबी मुँह मोड़ो कॉलेज भर्ती से॥96

आज का बेटा कह रहा, सुनो पिताजी आप
पैदा कर के बन गए, आप हमारे बाप
आप हमारे बाप, आप कि जिम्मेवारी
जल्दी से उपलब्ध कराओं, नूतन सुख सुविधाएँ सारी
कहें पिता सुन बेटा, ध्यान से बात हमारी
घर खर्चों मे मिला, कर्ज सम्पत्ति तुम्हारी 97

सत्ता

सत्ता आवे हाथ में नियम राखिए ताख
दोनों हाथों लूटिये तभी बनेगी साख
तभी बनेगी साख मिले विज्ञापन भारी
खूब होए सम्पन्न बढ़े खूब रिश्तेदारी
कहे सुगम खुद की उन्नति में लीन हैं सारे सत्ताधारी
पहले ये प्रदेश को लूटे फिर दिल्ली कि करे तैयारी 98

सत्ता दुर्लभ चीज है सबसे ऊँचों नाम
माला फूल चढ़ाई के प्रातः करो प्रणाम
प्रातः करो प्रणाम खुश करो सत्ताधारी
काम कराना है तो इनके बनो पुजारी
कहे सुगम यदि खुश हो जाए सत्ताधारी
सहज होय सब काम टले दुख संकट भारी 99

छोड़ सवारी सत्य की सत्ता लो हथियाय
देखो सारे धर्म गुण फिर आप के चक्कर खाए
फिर आप के चक्कर खाय बनो सत्ता के देवता
बड़े लोग फिर रोज पठावें दावत न्योता
कहे सुगम जब कोई आ जाता सत्ता में
अवगुण दोश बदल जाते सब गुणवत्ता में 100

बेहतरीन हैं चीज कोई तो वो है आज की सत्ता
किसी तरह से मिले अगर तो हथिया लो अलबत्ता
हथिया लो अलबत्ता फिर देखो उसकी गुणवत्ता
आप तो क्या सम्मानित होवे पहले आपका कुत्ता
नौकरशाही यदि पसंद है आ जाए कलकत्ता
बिना काम के मिले जहाँ पर सुगम पगार और भत्ता 101

सुगम बड़े विश्वास से निकले कदम बढ़ाय।
घुशखौरी करना खतम बीड़ा लियो उठाय॥
बीड़ा लियो उठाय पहुँच गये थाने चलकर।
बोले रपट लिखो खिलाफ जो घुस लेते है जमकर॥
सुनो महाशय कहा सिपाही खाली हाथ फिर क्यों आये हो।
घुस के खिलाफ रपट लिखाने क्या कुछ साथ में घूस लाये हो॥ 102

प्रकृति के आँचल से

वसंत ऋतु

ली वसंत ने अँगड़ाई वृक्ष आम के बौरा गए।
जरा सी फिजा मुस्कुराई तो काँटों में फूल आ गए॥

हर पेड़ उसके आगमन पर पाँवड़े बिछा रहा।
हर पुष्प प्रफुल्लित हो सुगंध को लुटा रहा॥
मौसम की मस्ती छाई तो पपीहा भी गीत गा गए।
ली वसंत ने अंगड़ाई वृक्ष आम के बौरा गए॥

हर पंछी अपना गीत मुक्त कंठ से सुना रहा।
हर भँवरा अपने मनपंसद गुल पर गुनगुना रहा॥
गुलाबी ठंड जो लहराई दिलों को यार याद आ गए।
ली वसंत ने अंगड़ाई वृक्ष आम के बौरा गए॥

हर तितली रंग बिरंगी साड़ियों में सज कर।
पुलकित है पुहुप जैसे प्रेमियों को पाकर॥
मदहोशी जो मन में छाई सुगम रंग लेकर आ गए।
ली वसंत ने अंगड़ाई वृक्ष आम के बौरा गए॥

वसंत (लोक गीत–फाग)

लेके मधु का प्याला गजब आया वसंत मतवाला।

प्याला पिला दिया पहले ही पेड़ों को ऋतुराज।
आखें उनकी लाल भई तब लगे उगलने आग॥
लाल भये जंगल, जंगल में मचा है मंगल।
गूँजति भ्रमरों कि माला गजब आया वसंत निराला॥

लगा पिलाने प्याला सबको भये जीव मदमस्त।
मद के नशे में झूमि रहे सब आने लगी है गस्त॥
कोयलिया कूकी बिरहिन में आग दिया फूँकी।
घर से निकली एक बाला गज़ब आया वसंत मतवाला॥

पिया बिरह में व्यग्र बिरिहिनी पी की याद सतावै।
पी के न मिलने पर वो पाती छाती ही लगावे, जिया भरमावै॥
आवे वसंत यहि हाला गजब आया वसंत मतवाला।

वर्षा गीत

ऐसी आई ये बरसात

पवन के झकोरों से झूमि रहे तरूवर भी,
नीरद को निरखि नीड़ पक्षी समा रहे॥
हुई वारिद की व्योम में प्रगाढ़ता प्रचण्ड।
अर्क आनन को अम्बुद की आड़ में छुपा रहे।

पशु घूमे उमंग भरे, पंछी गाए नीड़ तले,
किसलय के कोरक पर मधुकर मंडरा रहे।
मोरन के संग मोरनी मस्त नृत्य करें,
पपिहा के बोल बिरहिन मन को भा रहे।

चपला की चमक चकाचौंध चहुँदिशि करे,
गरजन और तरजन से भरा आकाश है।
काली घटा के घनेरों में छायो हैं अँधेरों जैसे,
दिवस में भी रजनी का होत आभास है।

ऐसी आई ये बरसात, लाई खुशियों की बारात,
सारे जीव पुलकित हो प्रसन्नता जता रहे।
घन कि श्यामलता के बीच चंचलता देखि,
'सुगम' विह्वलता से खुशी के गीत गा रहे।

सीखो बादल के जीवन से

अर्क उर के ताप से, उदधि उर के आप से।
ग्रीष्म के संताप से, जन्म लेकर भाप से॥
नभ की मिली गोद पवन का मिला पालना।
दामिनि की रज्जु पकड़ झूले जलद लालना॥

करते किलकारी नभ में दौड़े बारी-बारी।
इनकी बलिहारी पर न्योछावर दुनिया सारी॥
आई तरूणाई तो मकसद से चल पड़े।
कन्धों पर जल का भार लेकर निकल पड़े॥

यात्रा कर मीलों ख़बर लेते ये हमारी।
ताप त्रस्त जीवों को देते छाया और वारी॥
छोटा सा जीवन ये उपकार में बिताते।
खुद रह कर प्यासे, पानी हमें पिलाते॥

काश मानव इनसे सबक कुछ लेता।
स्वार्थ त्याग बनता परमार्थ का प्रणेता॥
लोभ माया मोह से फिर होती धरा खाली।
होते सुखी 'सुगम' देखि जग में खुशहाली॥

मेघा बरसत मेह

मेघा बरसत मेह, धरती सरसत देह।
पंछी निरखत गेह, प्रेमी परखत नेह॥

पवन पछोरत पानी शोहरतपा जैसे दानी।
चहुँदिश रक्खें निगरानी, दान करे मनमानी॥

धान फसल लहराती, जस नारि चले मदमाती।
दादुर धुन बरसाती, चौतरफा शोर मचाती॥

है कृषक खेत को जाता, कट कट दाँत बजाता।
जहाँ जरूरत होती, पानी वहीं बहाता॥

पेड़ झुकावत शीश प्रकृति देत आशीष।
सबहिं सराहत ईश, वारि देत जगदीश॥

बरसात के बादल कैसे आते

हो तैयार खूब सज धज कर,
चक्रवर्ती सा मुकुट पहनकर।
चतुरंगिड़ा सजाकर सेना,
चलते ग्रीष्म के दुश्मन बनकर॥

कर गर्जना सिंघनाद सी रण में ये दुंदुभि बजाते।
बरसात के बादल कैसे आते॥

कभी उमड़ते हाथी होकर,
कभी धुमड़ते घोड़े बनकर।
कभी गर्जना कर तोपो की,
चलते ये रणभूमि में तनकर॥
पैदल सेना सी धूल उड़ाकर, उमड़घुमड़ चहुँदिशि मंडराते।
बरसात के बादल कैसे आते॥

वायु अश्व पर हो सवार,
चलते चमकाते तलवार।
ओलो के गोले बरसाते,
अग्निबाण से करते वार॥
तेज पवन की प्रत्यंचा से बूँदो के ये तीर चलाते,।
बरसात के बादल कैसे आते॥

देख जीवों को ताप त्रस्त,
छोड़ते ये परजन्य अस्त्र।
करके फिर दुश्मन का दमन,
कर देते गरमी का हनन॥
देख शांत फिर जनजीवन को अपने वतन चले ये जाते।
बरसात के बादल कैसे आते॥

विरहिन के उद्धार
भोजपुरी गीत

सवना भदवना कै रात अधिअरिया,
कि बलमू बिदेशवा में छाय।
रिमझिम रिमझिम बरसत बुंदिया,
कि देहियौं में अगन लगाय।

बदरा निबहुरा गरजिया सुनवलै,
कि जिया मोरा देत दहलाय।
बिजुरी सवतिया भी रहि रहि चमकै,
कि बार बार निंदियउ उड़ाय।

टर टर कइके, डरावै हमें ददुरा,
कि गिरगिट सिटियौ बजाय।
जुगनू मसाल लै ढूढै चहुँतरफा,
कि चन्दवौ सुरतिया छुपाय।

ऊपर से बैरी भईल पुरवइया,
कि सननन करत बयार।
कैसे कैसे जागि के बितइलू सारी रतिया,
कि मुश्किल भईल भिनुसार।

उठतइ सबेरवा पठाइ दिहलू पतिया,
कि बात मान बलमू हमार।
जल्दी घर आइके बिताव बसिकलवा,
कि दुश्मन भईल जग तोहार।

कोलकाता में साल्ट लेक की सुबह

ब्रह्म मुहूर्त

कितना मनमोहक ब्रह्म मुहूरत देखो योगाभ्यासी बनकर।
सुबह का सूरज निकल रहा है जैसे एक सन्यासी बनकर॥
प्रकृति पाँवड़े बिछा रही है हरित वस्त्र में मोती गुँथकर।
धवल कणों से सजा रही है अगणित पंक्ति धरा में चुनकर॥

बाद्य वृन्द चिड़ियों के कलरव बहलाते है ऐसे मन को।
शीतल मन्द सुगन्ध पवन नहलाती जैसे सारे तन को॥
तन हो शुद्ध, शुद्ध हो मन भी, शुद्ध रहे आत्मा और अंतर।
ब्रह्म मुहूर्त में जगने का करो अगर अभ्यास निरंतर॥

समुद्र के किनारे की सुबह

सुबह सुहानी शरद की सूरज सागर वारि।
धीमे निकसत निरखि पह नगन नहाती नारि॥
नगन नहाती नारि निकल झट कपड़े पहने।
फेक अंगरखा लाल अर्क तन खोले अपने॥
कहे सुगम सूरज देखो इतने सरमाते।
तन ढकने को रोज सुबह कोहरा फैलाते॥

दिउ द्वीप के समुद्र की सुबह

कनखियों से काजल की कालिख मिटाकर,
लहरों पर सतरंगी चादर बिछाकर।
उषा खड़ी है समुंदर किनारे,
हाथों में लाली की थाली सजाकर॥

बदलती ये लाली बदलता वो मंजर,
सोणित सुनहरा रूपहला समन्दर।
जैसे ही अर्क आया थोड़ा ऊपर क्षितिज पर,
लहरों पर उतर आया पूरा नीलांबर॥

उछलता कुलछता गरजता समंदर,
लहरों से टकराता किनारे का पत्थर।
बगल के लैगुन में फुदकती मछलियाँ,
बगुला भगत की गड़ी नज़र उनपर॥

ऊँची ऊँची लहरों से आवाज देकर,
हमको जगाता रहता निरंतर।
कहता उठो नींद से अब हे मानव,
जागो जगाता है तुमको समंदर॥

गाँव की सुबह

थी नव प्रभात की बेला,
धीरे-धीरे रजनी का आँचल भी खिसक रहा था।
ना जाने किसके वियोग में नभ भी सिसक रहा था॥
नव वधू किये श्रृंगार चली नभ को अनुरंजित करने।
सिंदूर भरी थाली ले लाली के पहने गहने॥

मैं जाग उठा विस्मृत हो, था व्यथित हृदय भी मेरा।
पर जाना नहीं व्यथा ने क्यों मुझपर ही डाला डेरा॥
चल पड़ा सरोवर तट की ओर मैं दैनिक कृत्य निभाने।
अंतर व्यथा दबाये मन में शांति छोर को पाने॥

मोहक था दृश्य सरोवर का पर शान्ति नहीं थी मन में।
जैसे हंस नहीं रहता है शान्त कभी भी जल में॥
हो निवृत्त कर स्नान ध्यान मैं निकल पड़ा जब घर को।
राह में भागते देखा अतिसुन्दर सूकर शिशु को॥

अति शुडौल तन था उसका बड़ा चपल व्यवहार था।
मंत्र मुग्ध मैं देख रहा जैसे बराह अवतार था॥
उसी समय में तीर ब्याध के चीर गये उसके तन को।
हृदय विदारक चीखें उसकी बेध गयी मेरे मन को॥

मुर्छित होकर गिरा ज़मीं पर जैसे घायल तन अपना था।
आई चेतना तो पूछा क्या ये केवल एक सपना था॥
मन की आवाज सुनी जैसे ही बोल उठा फिर अंतर्मन।
पीड़ा तो उनको होती है जो सब में देखते अपनापन॥

अन्नपूर्णा (नेपाल) की सुबह

अन्नपूर्णा की सुबह का दृश्य कितना है निराला।
किसी के लिए छटा प्रकृति की, किसी के लिए मद का प्याला॥

लाल रंग में सूरज निकला लाली में लिपटी वसुंधरा।
क्या है इनका प्रेम प्रसंग क्या है इनकी मंत्रणा॥

धरती के उरोज जैसी सुशोभित है हिमचोटियाँ।
हाथ पसारे दिखती जिन पर शोणित सूर्य रश्मियाँ॥

लहराती जिन पर रंग बिरंगी चीर जैसी बदलियाँ।
अनुरंजित हो करती जो चारों तरफ अठखेलियाँ॥

कितना मनमोहक दृश्य ये देखते ही बनता है।
आँखे थक जाती पर दिल नहीं भरता है।

पर ये सुन्दर रूप किसके लिए ठहरता है।
आसमाँ भी देखते देखते अपना रंग बदलता है॥

वस्त्र बदल कर स्वेत वस्त्र में तप करने बैठी वसुंधरा,
अर्क अपना कर्तव्य निभाने अंतरिक्ष में चल पड़ा॥

लहरों की शिकायत चाँद से

हे चाँद तू अपने लिए सपने सजाना छोड़ दे,
चोरी छुपके बादलों के बीच आना छोड़ दे।

तुम्हें रात में पलके बिछाए बाट तेरी जोहते,
ढाई घड़ी नित देर से सक्लें दिखाना छोड़ दे॥

ऊँची-ऊँची आवाज देकर तुझे रोज पुकारते,
सुन नहीं सकते अगर आँखें दिखाना छोड़ दे।

बाँहें उठाए दौड़ते हम तुझसे मिलने के लिए,
है पहुँच नामुमकिन जहाँ हमको बुलाना छोड़ दे॥

ले के आँखों में निराशा रोज घर हम लौटते,
यदि प्रेम है लहरों से तो तू मुँह छुपाना छोड़ दे।

सदियों का रिश्ता हमारा जिसे हम न तोड़ते,
है गुज़ारिश दूर से रिश्ता निभाना छोड़ दे॥

मानव मन भी कितना अनोखा है

देखो मानव मन भी कितना अनोखा है,
प्रकृति को परखने का एक मात्र झरोखा है।
फिर भी मानव ने इसके साथ किया धोखा है,
प्रकृति से दूर जाते हुए इसे न कभी रोका है॥

हमेशा से किया इसको वैभवों में तल्लीन,
इसलिए हो गया है ये बुराइयों में विलीन।
राग द्वेश आशक्ति का चढ़ गया है लेप इसपर,
लोभ लालच कपट का बढ़ गया प्रकोप इसपर॥

मन समझता जिसको ऊँचाई वह हवा का एक झोंका है,
जिसके साथ जाते उसे मानव ने कभी न टोका है।
क्या फायदा उस ऊँचाई का जिसका कोई आधार न हो,
क्या कायदा उस बड़ाई का जिसमें कि कोई सार न हो॥

लौट आ हे मन तुझे ये प्रकृति है वापस बुलाती,
झाँक कर तू देख इसमें खुशी की दौलत लुटाती।
आनन्द जो मिलेगा तुझे उसमें मिल जाने से,
कभी न मिल पायेगा वो दुनिया की दौलत पाने से॥

मुकुट मणीपुर की यात्रा

पूर्वांचल संस्कृति का प्रतीक प्रदेश है पश्चिम बंगा,
जहाँ समेटे निर्मल हिमजल मिले भागिरथि गंगा।
इस प्रदेश में जनपद एक नाम बाँकुरा पाया,
जिसके अंदर मुकुट मणीपुर की लहराती काया॥

जहाँ कभी सोई धरती की फिक्र न कोई करता था,
जहाँ कभी फटे वस्त्रों का आँचल फैला करता था।
नग्न नितम्ब थे वसुन्धरा के उरोज वस्त्र विहीन थे,
जीर्ण-शीर्ण जो वस्त्र बदन पर वह भी बहुत मलीन थे॥

धन्य हुआ प्रदेश बंग जब मानव ने माँ को पहचाना,
निर्मल जल से नहला-नहला कर सारा वसन बदल डाला।
बाँध बलय को पहन कमर में हरित गाछ से सजी धरा,
कर में भरा कुंभ जल लेकर निकल पड़ी जब वसुंधरा॥

स्वागत करती सबका मन से सब को देती खुशहाली,
मुकुट मणीपुर की धरती माँ की जो देखे हरियाली।
विह्वल हो उठता है चित्त देखि हरित धरती की काया,
सुबह शाम शांत शीतल जल दिखलाता है अद्भुत माया॥

शोणित सूर्य रश्मियाँ जब लहराती मंद-मंद लहरों पर,
मानों रंग-बिरंगा नृत्य दिखा रही हो रंग स्थल पर।
ऐसी छटा देख-देख कर भावोद्वेलित मन कहता है,
मानव चाहे तो मेहनत से धरा को स्वर्ग बना सकता है॥

अजोध्या की पर्वत माला

पुरूलिया जनपद का गौरव,
अजोध्या की पर्वत माला।
जहाँ पर धरा सुसज्जित देखा,
ओढ़े   बहुरंगीन   दुसाला॥

जहाँ प्रकृति स्वागत करती है,
श्वेत फूल के गुलदस्तों से।
जहाँ पर कलियाँ मुस्काती है,
शीश नवाय खड़ी रस्तों में॥

हो उठता है हृदय प्रफुल्लित,
देख के रंग बिरंगी काया।
कहीं पर पहने पीत वसन,
तो कहीं पर दिखती धानी साया॥

कहीं पर लघु सरिता का पानी,
कल कल छल छल करके बहता।
निकल झाड़ियों के झुरमुट से,
चट्टानों   पर   करवट   लेता॥

कहीं कहीं गहरी घाटी में,
जब झरना बनकर गिरता है।
सौंदर्य और सुमधुर लहरों से,
यह हम सबका मन हरता है॥

जहाँ रात के सन्नाटे में,
गूँजते है आदिम संगीत।
सुबह शाम चिड़ियों के कलरव,
जागृत करते मन में प्रीत॥

देख के ऐसा रूप प्रकृति का,
सुगम का मन ना रूकता है।
बार-बार आने को आतुर,
वह विह्वल हो उठता है॥

कोयल की कूक

हे कोयल ये कूक अपनी,
किसे तू सुना रही।
मधुर इतने बोल तेरे,
व्यर्थ में लुटा रही॥

है कहाँ फुरसत किसी को,
सुने तेरी कूक प्यारी।
यदि पड़े इस कान में,
उस कान से निकले बेचारी॥

आज मानव मानसिकता,
है कितनी बिखर चुकी।
आज भौतिक रसिकता,
है कितनी निखर चुकी॥

अग्रसर उन्नति की ओर,
प्रकृति से दूर जा रहा।
राह अवनित की खुदी,
अपने लिए बना रहा॥

फिर मोह माया लोभ में,
उलझ खुद को कोसता।
लिप्त भोग विलास में,
आनन्द को वह खोजता॥

दो चार लाईना

देखकर सब कुछ जहाँ,
अंधा बना इंसान है।
अनसुनी कर बोल वो,
बहरा बना बेजान है॥

ये तेरा अनमोल वैभव,
है लुटाने के लिए।
भाग्य हीन है तरसते,
जिसे पाने के लिए॥

मुक्त कंठ से तू लुटाती,
जा खजाना प्यार का।
मानस पटल पर छोड़ जा,
संदेश गहरे सार का॥

अपना लो हे मानव मधुरता,
इस कूक में जो समाई है।
इसमें विराट की चेतना,
और अनन्त की गहराई है॥

झर-झर झरता झरने का पानी

झर-झर झरता झरने का पानी।
न कहता अपनी करूण कहानी॥

मीलों लम्बीं यात्रा करता,
क्षणभर भी विश्राम न करता।
ठोकर खा-खाकर चलता रहता,
प्रकट न करता थकी निशानी॥

उतरता जब उच्च शिखर से,
खाता चोट शिला पर गिर के।
कला दिखाकर तरह-तरह के,
मन की दूर करे हैरानी॥

कितने सुन्दर संगीत सुनाता,
रमने वालों का दिल बहलाता।
कभी-कभी मिल रवि किरणों से,
दिखलाता सतरंगी धनुष सुहानी॥

सदियों से सबका मन बहलाया,
अपनी अंतर्व्यथा दबाया।
चोटे खाकर तरह-तरह की,
हँसता रहता ये सैलानी॥

दो चार लाईना

मलिन न उसका मन होता है,
चोटें खा उज्ज्वल होता है।
चोंगा पहन सफेद वसन का,
मानव सी न करे नादानी॥

झर-झर झरता झरने का पानी।
न कहता अपनी करुण कहानी॥

सूरज कितने खेल दिखाता

रोज नहाता सागर जल में,
वस्त्र बदल लेता है पल में।
पूरा कर फिर नभ मैराथन,
सो जाता रजनी आँचल में॥

सुबह शाम शोणित लाली से।
नभ क्रीडाँगन खूब सजाता सूरज॥

कभी बैठता अचल शिखर पर,
कभी झाँकता घाटी गह्वर।
दृश्य दिखाता उछल कूदकर,
दिन में सागर की लहरों पर॥

कभी-कभी कितनी मन मोहक।
नभ सतरंगी धनुष दिखाता सूरज॥

कभी घने वृक्षों की आड़,
छुपता कभी ये पीछु पहाड़।
कभी झाड़ियों की झुरमुट में,
कभी बादलों की सरपट में॥

कभी चाँद से ढक अपना मुख।
लुका छिपी के खेल दिखाता सूरज॥

टिम टिम टिम टिम तारे करते

टिम टिम टिम टिम तारे करते।
पर ये नज़र सभी पर रखते॥

रोज शाम को दीप वलय से,
पूरे नभ को खूब सजाते।
दादी माँ के किस्से बन,
नन्हें मुन्नों का दिल बहलाते॥

सारी दुनियाँ सोती है जब
ये बेचारे जगते रहते॥ टिम

नभ गंगा में खूब नहाते,
लुका छिपी का खेल दिखाते।
कभी-कभी आतिशबाजी कर,
हम लोगों को खूब डराते।

पूँछ बढ़ाकर हनुमान सी
कभी-कभी ग्रह-दहन ये करते॥ टिम

भूले-भटकों को राह बताते,
नाविक को ये दिशा दिखाते।
पूर्ण गगन के प्रहरी बनकर,
चलते फिरते निशा बिताते॥

देख सुबह सूरज की किरणें,
अंतरिक्ष में ये छुप जाते॥ टिम

पवन दूत

हे पवन-दूत संदेश मेरा, उन तक तू पहुँचा देना।
धीमे-धीमे मीठे स्वर में, उनके कानों में कहना॥

सूरत तेरी मूरत बन बैठी
मन मंदिर में मेरे।
पूजन पुष्प प्यार के प्रतिदिन
चरन चढ़ाऊँ तेरे॥

कहना तेरे दुर्लभ दर्शन को तरस गये दो नयना।
हे पवन दूत संदेश मेरा, उन तक तू पहुँचा देना॥

स्मृति तेरी छाया बनकर,
मंडराती ऐसे मन पर।
वर्षा धूप और सर्दी का,
होता असर न तन पर॥

कहना जुबाँ न कर सकती है व्याकुलता के बयना।
हे पवन दूत संदेश मेरा, उन तक तू पहुँचा देना॥

तेरे मिलन की आस जगा कर,
जीवन पथ पर भाग रहा हूँ।
प्यार का तेरे दीप जला कर,
अविरल रजनी में जाग रहा हूँ॥

कहना दीप अमर है मेरा, झोंकों से भी बुझे ना।
हे पवन-दूत संदेश मेरा, उन तक तू पहुँचा देना॥

दो चार लाईना

व्यथा वृक्ष की

जीवन भर जो कह न सका मैं, वही सुनाता मन की व्यथा।
अब स्नेह बढ़ाती और कहाँ, कोमल कर वाली प्रिये लता॥

पहले तो दिवस स्मरण कर,
जबकि छुपके से तू आकर॥
मेरे चरणों की रज पाकर
उल्लसित हुई थी इठलाकर॥

तन समेट कर किया भेट मिल गये प्रेम से बड़ी छटा।
अब स्नेह बढ़ाती और कहाँ कोमल कर वाली प्रिये लता॥

यव यव थे विकसित फूट पड़े,
कितने आभूषण टूट पढ़े।
पर तेरी शोभा और बढ़ी,
कायम थी जब तक मिलन घड़ी॥

फिर हो के मगन, हम नाचे नगन, गर्मी सर्दी सावन की घटा।
अब स्नेह बढ़ाती और कहा कोमल कर वाली प्रिये लता॥

सोचा था संगिनी जीवन की
तू कर बैठी अपने मन की
लिपटी तू पराई बाँहों में
खोई सुधबुध अपने तन की

अब स्नेह विमुख, न रही समुख, तेरा अभिमुख, ही रहा जता।
अब स्नेह बढ़ाती और कहाँ कोमल कर वाली प्रिये लता॥

तू भूल गयी वो प्यार के पल
पनपे थे जो मेरी बाँहों में
बिसरा दी वो सारे सपने
जो संजोये थे मेरी छाँवों में

अब परा उन्मुखी, मुझे कर दुखी, तू रहे जहाँ भी सुखी सदा
अब स्नेह बढ़ाती और कहाँ कोमल कर वाली प्रिये लता॥

मैं हूँ नहीं निराशावादी
इस पल का प्रतिकार करूँगा
लेकर पुर्नजनम में
तेरे मिलने इंतजार करूँगा

फिर जनम-जनम, संग रहेंगे हम, भूला के ''सुगम'' ये सारी खता।
अब स्नेह बढ़ाती और कहाँ कोमल कर वाली प्रिये लता॥

व्यथा पर्यावरण की

खिन्न हृदय हो पर्यावरण
आदमी से बोल रहा है,
हे मानव! अपनी थाली में
क्यों तू जहर घोल रहा है।

रो रही है हिमालय की
हिमाच्छादित   चोटियाँ
हो चुकी है आज दूषित
उनकी   सारी   बेटियाँ

तरस   रही है   साँस
लेने को पेड़ों की पत्तियाँ।
शुद्ध हवा दे   पायेगी
क्या हमें उनकी अस्थियाँ॥

सुबह शाम सूरज की लाली
छुप जाती धुँए के बीच
धुँधला हो कर चाँद बेचारा
लेता उज्जवल किरणें खींच।

शहर के शोर सराबे में
हो गये लुप्त अब वेद-मंत्र
परिष्कार कर पुज्य देव का
घर में रखा आधुनिक यंत्र॥

कहीं रहो बचना मुश्किल हर जगह प्रदूषणों की है लेन।
सुनों ''सुगम'' मत बुरा मानना नई सभ्यता की ये देन॥

जो जिंदगी से ज्यादा वफादारी का जतन करते हैं।
जो खुद घर जला कर इस जहाँ को रौशन करते हैं॥
अल्फाज़ नहीं जिनसे मैं उनकी तारीफ करूँ।
जो खुद के लहू से सींचकर वतन को चमन करते हैं॥

कुल्हाड़ी पेड़ पर नहीं अपने पैर पर मारी थी

जब मैं
किसी मनुष्य को
किसी पेड़ पर
कुठाराघात करते हुए
देखता हूँ
तो
हो जाता हूँ शोकाकुल
और तब
ऐसा महसूस होता है
मुझे कि
‘‘मनुष्य पेड़ पर नहीं
बल्कि मानवजाति पर
कुठाराघात कर रहा है”
वृक्ष
आदि मानव से लेकर
आधुनिक सभ्यता तक का
हमेशा रहा है
रक्षक
पर मनुष्य इनका
हमेशा रहा है
भक्षक।
चाहे रहा हो
आदि मानव का पर्ण कुटीर
या फिर
हमारी आधुनिक सभ्यता की
हो उच्च अट्टालिका

दोनों में ही
'मनुष्य ने वृक्षों के शोषण
द्वारा किया है अपना पोषण'
आज का
मानव भी
वृक्षों का विनाश कर
अपने विकास में
हो गया है
इतना व्यस्त कि
उसे याद ही नहीं रह गया है कि
यदि ये न होंगे वृक्ष
तो कौन करेगा उसका
रक्षण ।
जब
वह कर लेगा
वृक्षों का पूर्ण रूपेण
भक्षण
और दृष्टि दौड़ाएगा
देखने के लिए
अपनी रम्य सभ्यता को
उस समय
वह डूबेगा
एक घोर निराशा में
क्योंकि तब
उसे नहीं मिलेगी
शुद्ध हवा,
जिसमें
वह साँस ले सके
शुद्ध वातावरण की

और नहीं
मिलेगा उसे
शुद्ध जल
जिसे पीकर वो
अपनी प्यास बुझा सके।
उसके चारों तरफ होंगे
सुख और समृद्धि
के अति विकसित साधन
पर
नहीं होगी शुद्ध हवा
और
न ही होगा शुद्ध जल
जिनके बिना
वह तड़पेगा
और उस तड़पन में
महसूस करेगा कि उसने
''कुल्हाड़ी पेड़ पर नहीं अपने पैर पर मारी थी''

मुझे ऐसी नींद क्यों नहीं आती

जेठ की दोपहरी
ऊपर से
चिलचिलाती धूप
और गर्म हवा के
धूल भरे झोंके,
सड़क के किनारे
घनी छाँव वाला वृक्ष
उसी के नीचे
कंकरीली जमीन
उस पर
अधबिछी -सी
बिछी हुई
पतली-सी चादर
जिस पर लेटे हुए
कड़ी मेहनत से
थके हुए
सो रहे थे
गहरी नींद में
कुछ श्रमिक।
बगल से
गुजरते हुए राहगीर
जिनके जूतों की
आवाज और
पास की सड़क से
गुजरती गाड़ियों की
घन-गरज भी

तोड़ नहीं पा रहीं थी
उनकी
उस गहन नींद को
और वे
सो रहे थे बेसुध बेखबर।
इस शोर
शराबे के बीच
इतनी
सुखद नींद
इन्हें कैसे आती है।
मुझे ऐसी नींद
क्यों नहीं आती है।

सुसज्जित कमरे में
वातानुकूलित
हवा के बीच
खा-खा कर
नींद की गोलियाँ
मखमली पलंग पर
करवटें बदल-बदल कर
रातें गुजार दी
बगैर नींद के,
सुबह के समय
जैसे ही
नींद का झोंका आया
घर के नौकर
रामू ने

आवाज देकर जगाया।
'उठो साहब उठो'
काम का
समय हो गया है
ये नींद तो
फिर आ जायेगी
मगर
ये समय
दुबारा नहीं आयेगा।
रामू की बात
कान में
पड़ते ही मैंने
झुँझलाकर कहा
'यहाँ तो कमबख्त
सब कुछ उल्टा है
ये समय तो
दुबारा आ जाता है
पर ये नींद
वापस नहीं आती।'
मुझे
ऐसी नींद
क्यों नहीं आती ?'

दौलत-ए-बाग

शीत में गरमाने के वास्ते
जो जलकर खाक हो गए।
ऐसे दौलत-ए-बाग को देख
हम भी बाग़ाबाग़ हो गए॥

जिन्हें काट-छाँट शाही
महल बना सकते थे।
उन्हें बचाकर आप भी
बेदाग हो गए॥

इनकी दोस्ती का लुत्फ है
सबको नसीब कहाँ
जो इनके पास रहते
वो बीतराग हो गए।

ये आपके रक्षक हैं।
ये आपकी दौलत हैं॥
आप इन्हें पाकर,
अहोभाग हो गए॥

ऐसी जिंदगी दिग्विजय सिंह से
मिली जो विरासत में।
हे विक्रम आप दिलों के
महाराज हो गए॥

श्यामलाल (सुगम)

नदिया के पार

धीरे-धीरे नाव चली,
नदिया के पार हो ।
नदिया के पार बसे
बलमू हमार हो ।
जइसे जइसे उठा करे
जल में तरंग हो
वैसे वैसे मना मोरे
उठली उमंग हो,
पहुँचू किनारे जल्दी,
बलमू के द्वार हो ।
धीरे-धीरे...

जइसे नाव आगे बढ़ी
आइल तूफान हो ।
नइया डगमगाए
कइसे पार हो उफान हो ॥
अभी तो फँसा है माँझी
बीच मझधार हो ।
धीरे-धीरे...

बलमू बनउले इतना
दूर क्यों बसेरवा ।
राह में पड़त है सारे
लुटेरन कै डेरवा ॥
कोई खींचे चोटी
कोई चुनरी के तार हो ।
धीरे-धीरे...

दो चार लाईना

दूर बहुत पी का गाँव
रहिया कठिन है।
मजबूर मेरे पाँव
मिलन को उठिन है॥
रूके नहीं काँटे चाहे
चुभे अब हजार हो॥
धीरे-धीरे...

सुना है पिया का बंगला
बड़ा ही खूबसूरत है।
जिसमें दिखाई देत
उन्हीं की ही मूरत है॥
पहिले पहुँच के करूँ
पिया से गुहार हो॥
धीरे-धीरे...

काहे कइल दूर
का है गलती हमार हो।
समरथ तू ही कइद
भवसागर पार हो॥
नाहिं ''सुगम'' नाम छोड़
जग के खेवनहार हो।
धीरे-धीरे...

पतझड़

इस जीवन के पतझड़ में क्या वापस वसंत वो आएगा।
आएगा तो भी क्या वो गुल मन पसंद के लाएगा?

उस ऋतु की वो मीठी बोली गूँज रही है कानों में।
खाकर जैसे नशे की गोली विचर रही अरमानों में॥
आएगा तो क्या बोली वो मन पसंद के लाएगा?

ऐसा यार मिले मुझको खयालों में उसके खो जाऊँ।
इतना प्यार मिले मुझको उसके सपनों में सो जाऊँ॥
आएगा तो क्या सपने वो मन पंसद के लायेगा?
हूँ मैं नहीं निराशावादी उस ऋतु का इंतजार करूँगा।
सपनों के सुमन सजा-2 कर पतझड़ का प्रतिकार करूँगा॥
आएगा तो भी क्या वो सुमन वहीं फिर लाएगा?

चिड़ियों की मीठी बोली सुन एकाकीपन दूर करूँगा।
फूलों की खुशबू में खोकर सपनों को भरपूर करूँगा॥
जब मेरे इस पतझड़ में वापस वसंत वो आएगा।
मनपसंद के फूल बिछाकर खुशबू खूब फैलाएगा।